학습 세례 문답서

우림

펴내는 글

교단 창립 20주년을 앞두고 전 세계 9천여 개의 지교회와 협력교회가 함께 사용할 수 있는 학습 세례 문답서를 발간하게 됨을 기쁘게 생각합니다.

어린아이는 성장하면서 필요한 지식과 교양을 배워야 건강한 사회인의 자격을 갖출 수 있습니다. 주 안에서도 신앙생활에 필요한 지식과 주의 교양을 갖추어야 영적 장수가 될 수 있습니다. 이 교재는 성경에 기록된 하나님 말씀과 예수교 연합성결회 총회의 헌법에 기초하여 하나님의 자녀로서 영적 성장을 위해 필요한 내용을 담았습니다.

무엇보다 그리스도인으로서 올바른 신앙생활을 하는 데 도움이 될 수 있도록 구성하였으며 학습교인 및 세례교인이 되기 위해 알고 지켜야 할 내용을 중심으로 엮었습니다. 예를 들면, 성도로서 지켜야 할 일과 하지 말아야 할 일, 그리스도인으로서 알아야 하는 성경, 교리, 신앙신조에 대한 내용입니다.

특별히 학습 대상자, 세례 대상자로 하여금 구원과 영생의 확신을 가지고 예수 그리스도의 몸 된 교회의 지체로서 굳게 서는 데 필요한 내용을 잘 숙지할 수 있도록 학습, 세례 문답 예문도 수록하였습니다. 이 예문들을 통하여 신앙생활에 대하여, 성경에 대하여, 교리와 신앙신조에 대하여 보다 쉽게 이해할 수 있을 것으로 생각됩니다.

각 교회에서는 이 교재로 학습과 세례 문답을 준비하되 실제로 문답을 할 때에는 교재 안에서 취사선택하실 수 있습니다. 또한 학습과 세례 문답 대상자는 문답을 하기 전에 소정의 교육을 통하여 교재의 내용을 배우고 익힘으로써 학습과 세례를 받기에 합당한 마음과 자세를 갖추시기 바랍니다.

성공적으로 학습, 세례 문답을 마친 분들은 학습식과 세례식을 거쳐 학습교인, 세례교인이 될 수 있습니다. 세례를 받으면 교회의 정회원이 되어 교인으로서 권리와 의무를 부여받으며 하나님의 크신 축복도 임합니다. 모쪼록 이 교재를 잘 활용하여 신앙의 기초가 든든하게 닦인 성도, 날마다 부흥하는 교회로 발전하시기를 주님의 이름으로 축원합니다.

2011년 3월

예수교 연합성결회 총회장 이재록 목사

CONTENTS

제 1 편

그리스도인의 생활

교인의 구분 및 의무

성도로서 지켜야 할 일

성도로서 하지 말아야 할 일

관혼상제에 대하여

1장 교인의 구분 및 의무

1. 교인의 구분

교회에 들어와 신앙생활을 하는 교인은 크게 등록교인, 학습교인, 세례교인으로 나눌 수 있습니다.

1) 등록교인

그리스도인이 되기를 지망하여 교인으로 등록하고 교회의 공예배에 참석하는 자로서 『등록인 명부』에 기록된 자를 말합니다. 그리스도인이 되려면 먼저 예수 그리스도를 영접하고 교회에 나와서 예배에 참석하여 하나님의 말씀을 배우며, 교회생활과 신앙생활을 익혀야 합니다.

2) 학습교인

그리스도인이 되고자 배우는 교인이라는 뜻으로 13세 이상 되는 등록교인이 회개하여 신앙생활의 증거가 있을 때에 학습식을 거행하여 『학습인

명부』에 기록합니다. 학습인은 참된 그리스도인이 되기 위하여 예배에 열심히 참석하며 올바른 신앙생활을 하고자 결심하고 하나님 말씀대로 살기 위해 힘써야 합니다.

3) 세례교인

학습인이 된 후 4-5개월이 넘고 거룩한 하나님의 자녀로 거듭난 증거가 있는 교인으로서 세례문답에 합격하고 세례를 받아 『세례인 명부』에 기록된 자입니다. 세례교인은 교회의 한 지체로서 교회의 일을 결정할 권리와 하나님의 나라와 의를 위하여 봉사할 의무가 있습니다.

2. 교인의 의무

교회에 들어와 교인이 된 자는 하나님 나라와 의를 위하여 성경에 근거한 교인의 의무를 힘써 지키며 거룩한 하나님의 자녀 곧 성도의 자격을 갖춰야 합니다.

1) 공예배에 부지런히 참여하여 신령과 진정으로 예배드려야 합니다.

공예배에는 주일 대예배, 주일 저녁예배, 수요예배, 금요철야예배가 있습니다. 예배는 살아 계신 하나님을 인정하는 것이며 하나님의 사랑과 은혜에 감사하여 하나님께 경배드리는 의식입니다. 하나님께서는 신령과 진정으로 예배하는 자를 찾으시고 몸과 마음과 뜻과 정성을 다해 예배드리는 자에게 하나님의 말씀을 통해 축복을 주십니다.

2) 성경을 읽는 일과 배우는 일에 힘써야 합니다.

하나님 말씀을 읽으며 듣고 배우는 가운데 하나님의 뜻을 깨달아 믿음이 성장하여 올바른 신앙생활을 영위하게 됩니다.

3) 하나님 말씀대로 살고자 노력하며 기도생활을 해야 합니다.

기도는 영의 호흡이고, 영이신 하나님과의 대화이며 하나님의 능력을 받는 방법입니다. 그러므로 하나님의 뜻대로 살기 원하는 사람은 기도해야 합니다.

4) 항상 기뻐하고 쉬지 말고 기도하며 범사에 감사하는 생활을 해야 합니다.

예수 그리스도를 믿어 영원한 천국을 소유한 자체로 항상 기뻐할 수 있습니다. 또 전지전능하신 하나님의 도움을 받기 위해 쉬지 않고 기도해야 하며 모든 것을 합력하여 선을 이루시는 하나님을 믿으니 범사에 감사하는 생활을 해야 합니다.

5) 교회와 선교사업을 위해 봉사하며 헌금하는 일에 인색함이 없어야 합니다.

모든 것이 하나님의 것이나 청지기인 우리에게 맡기셨음을 깨달아 몸으로 봉사하고 물질로 헌신해야 합니다. 특히 진실되게 소득의 십분의 일을 하나님께 드리되 억지로나 인색함으로 드리는 일이 없어야 합니다.

6) 다른 영혼을 위하여 하나님께 받은바 은사대로 힘써 전도해야 합니다.

하나님께서는 한 영혼을 온 천하보다 귀히 여기시며 우리가 때를 얻든지 못 얻든지 복음을 전하는 주님의 증인이 되기를 원하시기 때문입니다.

2장 성도로서 지켜야 할 일

1. 십계명

국가에는 법이 있고 단체에는 규칙이 있어서 구성원이 다 같이 지켜야 하듯이 하나님을 믿는 사람들에게도 지켜야 할 법이 있는데 이를 계명이라고 합니다. 요한1서 5장 3절에 "하나님을 사랑하는 것은 이것이니 우리가 그의 계명들을 지키는 것이라 그의 계명들은 무거운 것이 아니로다"라고 했습니다. 계명을 지키는 것은 하나님을 사랑한다는 증거이며 하나님의 축복을 받는 지름길입니다.

성경에 기록된 수많은 계명을 간단하게 요약한 것이 바로 '십계명' 입니다(출애굽기 20:3-17). 십계명은 크게 하나님 사랑(1~4계명)과 이웃 사랑(5~10계명)으로 구분할 수 있으며 아래와 같습니다.

1계명 : 너는 나 외에는 다른 신들을 네게 있게 말지니라

2계명 : 너를 위하여 새긴 우상을 만들지 말고, 또 위로 하늘에 있는 것이나,

아래로 땅에 있는 것이나, 땅 아래 물속에 있는 것의
아무 형상이든지 만들지 말며 그것들에게 절하지 말며,
그것들을 섬기지 말라

3계명 : 너는 너의 하나님 여호와의 이름을 망령되이 일컫지 말라

4계명 : 안식일을 기억하여 거룩히 지키라

5계명 : 네 부모를 공경하라

6계명 : 살인하지 말지니라

7계명 : 간음하지 말지니라

8계명 : 도적질하지 말지니라

9계명 : 네 이웃에 대하여 거짓 증거하지 말지니라

10계명 : 네 이웃의 집을 탐내지 말지니라

2. 주일 성수

주일(主日)이란 주님의 날이라는 뜻이며 하나님께서 거룩하게 하시고 복을 주고자 정하신 안식일로서 주 안에서 참된 안식을 누리는 날입니다. 주일 성수란 주일을 거룩하게 지키며 참된 안식을 누리는 것을 의미합니다.

1) 주일 성수는 하나님의 뜻이며 하나님의 영권(靈權)을 인정하는 것입니다.

하나님께서 천지 만물을 창조하실 때에 엿새 동안 모든 일을 마치고 일곱째 날에 안식하셨으므로 이날을 복 주시고 거룩하게 하셨습니다(창세기 2:1-3). 그리고 우리에게도 안식일을 기억하여 거룩히 지키라고 명령

하셨습니다(출애굽기 20:8). 하나님의 말씀에 따라 안식일, 곧 주일을 거룩하게 지키는 것은 하나님의 영적인 권한을 인정하는 것이니 하나님께서 기뻐하시고 복을 주십니다.

2) 신약 시대의 주일과 구약 시대의 안식일

구약 시대에는 창조의 마지막 날인 일곱째 날, 즉 토요일을 안식일로 지켰는데 신약 시대에는 예수님께서 부활하신 일요일을 안식일로 지키고 있습니다.

인간이 죄로 인해 타락함으로 사망에 이르러 하나님의 참 안식에 들어오지 못하게 되자(창세기 3장) 하나님께서는 만세 전에 예비하신 예수님을 이 땅에 보내셨고, 그의 피로 모든 인류의 죄를 대속하게 하여(갈라디아서 3:13) 구원의 길을 열어 주셨습니다.

하나님의 아들로서 육신을 입고 이 땅에 오신 예수님께서 금요일에 십자가에 못 박혀 죽으시고 3일 만인 일요일 새벽에 부활하심으로(마태복음 28:1-6) 누구든지 믿음으로 부활의 소망 가운데 참된 안식을 누리게 된 것입니다.

그러므로 부활의 첫 열매가 되신(고린도전서 15:20) 주님께서 안식일의 주인(마태복음 12:8)이 되셨고, 이때부터 성도들은 일요일을 안식일로 지키며(고린도전서 16:2) 주일이라 부르고 있습니다.

3) 주일을 성수하는 방법과 하나님이 주시는 축복

출애굽기 20장 8-10절에 기록된 대로 엿새 동안은 힘써 일하고 주일에는 주 안에서 쉬어야 합니다. 육체의 쉼은 물론 영혼의 안식을 누려야 참된 안식이 됩니다.

그러므로 주일에는 첫째, 하나님과 상관이 없는 세상일을 하지 않고 성전에 나와 하나님께 예배드려야 합니다. 둘째, 몸과 마음을 거룩히 하도록 미리 주변과 용모를 깨끗하게 정돈해야 하며, 세상 오락을 취하지 않고 경건하게 보내야 합니다. 또한 악을 행치 않으며 기쁘고 감사한 마음으로 보내야 합니다.

셋째, 대예배는 물론 저녁예배까지 온전히 드리되 신령과 진정으로 예배하며 성전을 아끼고 사랑해야 합니다. 넷째, 매매행위를 금하고(느헤미야 13:15-22), 하나님의 뜻대로 참된 안식을 누리면 하나님께서 기뻐하시며 축복을 주십니다. 우리의 영혼이 잘됨같이 범사가 잘되고 강건하도록 한 주간을 지켜 주시며 모든 것을 합력하여 선을 이루어 주십니다.

3. 온전한 십일조와 헌물

십일조란 수입의 10분의 1을 하나님의 것으로 구별하여 드리는 규례로서 모든 물질의 근원이 천지 만물을 창조하신 하나님이심을 인정하는 것입니다. 하나님께서는 온전한 십일조와 헌물을 원하십니다.

1) 온전한 십일조는 하나님의 뜻이며 하나님의 물권(物權)을 인정하는 것입니다.

말라기 3장 8-9절을 보면 이스라엘이 저주를 받은 이유가 하나님의 규례를 떠나 십일조와 헌물을 하지 않은 데 있음을 말씀합니다. 온전한 십일조란 사업터, 일터와 여러 분야를 통하여 들어오는 모든 수입의 10분의 1을 하나님 앞에 드리는 규례입니다.

자연 만물은 창조주 하나님으로부터 왔고, 모든 산업은 여기에 기반을 두고 있습니다. 따라서 내가 땀 흘려 번 것이라 해도 나의 것이 아니라 하나님의 것임을 인정하여 전체 수입의 10분의 1을 하나님께 드리는 것입니다.

2) 온전한 십일조를 드리는 방법은 아래와 같습니다.

첫째, 총수입에서 계산해야 하며

둘째, 다른 예물과 구별하여 별도로 드려야 합니다.

셋째, 영의 양식을 공급받는 교회에 드려야 하며

넷째, 각자의 이름으로 드려야 합니다.

다섯째, 한 달에 한 번 이상은 드려야 합니다.

여섯째, 정규적인 수입이 없다 해도 식사 대접, 선물 등
각종 현물 수입에 대한 십일조를 드려야 합니다.

일곱째, 수입에서 가장 먼저 구별하여 드려야 합니다.
이는 하나님의 것이므로 성도가 임의로 사용할 수 없고
오직 하나님의 뜻에 따라 교회의 재정기관을 통하여 쓰입니다.

3) 헌물은 십일조 외에 하나님 앞에 드리는 모든 예물을 말합니다.

예물을 드릴 때에는 '흠 없는 것' 으로 드리되, 한번 드리기로 정한 것은 변개함이 없어야 하고 하나님께 드리는 헌물은 반드시 단에 올려 안수를

받아야 합니다.

하나님께 감사하여 드리는 각종 감사예물, 직분을 받아 잘 감당하기 위해 드리는 위임예물, 회개하며 드리는 속죄예물, 성미나 하나님의 일에 소용되도록 드리는 각종 물건 등이 여기에 속합니다. 입술로만 감사하는 것이 아니라 예물을 드리며 행함이 따르는 감사를 하면 하나님께서는 기뻐 받으시고 축복해 주십니다.

4) 온전한 십일조와 헌물을 드리면 놀라운 하나님의 축복이 임합니다.

말라기 3장 10절을 보면 하나님께서는 우리가 온전한 십일조를 하면 하늘 문을 열고 쌓을 곳이 없도록 축복해 주겠다고 약속하셨습니다. 과연 축복이 임하는지 시험해 보라고까지 말씀하십니다. 믿음이 없어서 '정말 그럴까?' 의심하고 아까워하는 사람이라도 믿고 순종하여 구원받고 축복받기를 원하시기 때문입니다.

또 고린도후서 9장 6절에 '적게 심는 자는 적게 거두고 많이 심는 자는 많이 거둔다' 고 말씀합니다. 우리가 하나님 뜻을 바로 알아서 그 뜻대로 신앙생활 할 때 하나님께 기쁨이 될 수 있고 약속하신 축복을 받을 수 있습니다. 약속을 반드시 지키시는 하나님, 사랑 자체이신 하나님의 말씀에 순종하여 온전한 십일조와 헌물로 축복을 받는 지혜로운 성도가 되어야 하겠습니다.

3장 성도로서 하지 말아야 할 일

성도 곧 거룩하신 하나님의 자녀로서 꼭 해야 할 일이 있는 반면, 하지 말아야 할 일이 있는데 아래와 같습니다.

1) 하나님의 거룩하신 이름을 남용하거나 부인, 배반하는 말이나 행위를 하지 말아야 합니다.

2) 성경을 부분적으로만 믿거나 계시 부분을 삭제, 배척, 비평적으로 해석하는 일은 하지 말아야 합니다.

3) 주일에는 모든 사무를 쉬고, 물품을 사고파는 일을 하지 말아야 합니다.

4) 속되고 방탕한 노래를 부르거나 세속적인 춤을 삼가고 범죄의 위험성이 있는 오락장이나 장소에는 가지 않아야 합니다.

5) 덕스럽지 못한 표현, 과격한 말, 비방이나 중상모략, 함부로 판단, 정죄 하는 말, 헛된 말, 근거 없는 말, 거짓말과 부도덕한 말 등을 하지 말아야 합니다.

6) 악을 악으로 갚지 말고 항상 선한 마음을 품으며 성도 간에 세상 법정에서 소송하는 일을 하지 말아야 하고 무슨 일이든지 자기가 하기 싫은 것은 남에게 시키지 말아야 합니다.

7) 성도 간에 돈거래나 보증서는 일이 없어야 합니다.

"너는 사람으로 더불어 손을 잡지 말며 남의 빚에 보증이 되지 말라" (잠언 22:26)

8) 현저한 육체의 일을 하지 말아야 합니다.

"육체의 일은 현저하니 곧 음행과 더러운 것과 호색과 우상 숭배와 술수와 원수를 맺는 것과 분쟁과 시기와 분냄과 당 짓는 것과 분리함과 이단과 투기와 술 취함과 방탕함과 또 그와 같은 것들이라 전에 너희에게 경계한 것 같이 경계하노니 이런 일을 하는 자들은 하나님의 나라를 유업으로 받지 못할 것이요" (갈라디아서 5:19-21)

9) 사망에 이르는 죄를 결코 짓지 말아야 합니다.

"누구든지 형제가 사망에 이르지 아니한 죄 범하는 것을 보거든 구하라 그러면 사망에 이르지 아니하는 범죄자들을 위하여 저에게 생명을 주시리라 사망에 이르는 죄가 있으니 이에 대하여 나는 구하라 하지 않노라" (요한1서 5:16)

〈사망에 이르는 죄〉

성령 훼방, 거역, 모독(마태복음 12:31-32, 마가복음 3:29, 누가복음 12:10)
주님을 다시 십자가에 못 박아 현저히 욕을 보인 경우(히브리서 6:4-6)
진리를 아는 지식을 받은 후 짐짓 죄를 범하는 경우(히브리서 10:26-27)

마태복음 12:31-32

"사람의 모든 죄와 훼방은 사하심을 얻되 성령을 훼방하는 것은 사하심을 얻지 못하겠고 또 누구든지 말로 인자를 거역하면 사하심을 얻되 누구든지 말로 성령을 거역하면 이 세상과 오는 세상에도 사하심을 얻지 못하리라"

마가복음 3:29

"누구든지 성령을 훼방하는 자는 사하심을 영원히 얻지 못하고 영원한 죄에 처하느니라 하시니"

누가복음 12:10

"누구든지 말로 인자를 거역하면 사하심을 받으려니와 성령을 모독하는 자는 사하심을 받지 못하리라"

히브리서 6:4-6

"한번 비췸을 얻고 하늘의 은사를 맛보고 성령에 참예한바 되고 하나님의 선한 말씀과 내세의 능력을 맛보고 타락한 자들은 다시 새롭게 하여 회개케 할 수 없나니 이는 자기가 하나님의 아들을 다시 십자가에 못 박아 현저히 욕을 보임이라"

히브리서 10:26-27

"우리가 진리를 아는 지식을 받은 후 짐짓 죄를 범한 즉 다시 속죄하는 제사가 없고 오직 무서운 마음으로 심판을 기다리는 것과 대적하는 자를 소멸할 맹렬한 불만 있으리라"

4장 관혼상제에 대하여

1. 혼인 관계에 대하여

혼인은 하나님께서 몸소 정하신 신성한 제도이므로 경솔히 행하지 말고 신중하게 생각하여 예식을 올리되 성도들은 혼인 관계에서 다음 사항을 지켜야 합니다.

1) 성도는 불신자와 혼인하지 말아야 합니다.

2) 성도들이 혼인하고자 할 때 먼저 담임 교역자에게 문의하여 지도를 받되 혼인 전에는 육체적인 접촉이나 관계를 가져서는 안 됩니다.

3) 부모는 자녀의 혼인을 강요하거나 성경에 위반되는 이유가 없이 결혼을 반대해서는 안 되며, 자녀는 부모나 후견인의 동의를 얻은 후 결혼을 해야 합니다.

4) 성도는 교역자의 주례로 예식을 거행하여야 하며 교역자는 결혼 주례를 요청받았을 때 정당한 결혼임을 확인한 후에 허락하여야 합니다.

5) 결혼 후에는 배우자로 인해 구원과 상관있을 만큼 신앙생활이 심각하게 지장을 받는 경우 외에는 이혼하지 않아야 합니다. 그러나 이혼을 고려할 만한 상황에서도 먼저는 배우자의 구원을 위해 최선을 다해야 합니다.

6) 첩을 두거나 이중 결혼을 하는 일, 남편이 있는 여자에게 장가들거나 본처가 있는 남자에게 시집가는 일이 있어서는 안 됩니다.

2. 상례에 대하여

1) 임종 예배

하나님을 믿고 임종한 경우에 한하여 준비되는 대로 수족을 거두고 임종 예배를 드립니다.

2) 입관 예배

시신을 염해서 관에 안치한 후에 적당한 시간을 택하여 입관 예배를 드립니다.

3) 조 문

조객은 상주나 그 밖의 유족들에게 정중히 조문 인사를 표한 후 묵도할 것이며 죽은 자(시신) 앞에서 절하거나 분향해서는 안 됩니다.

4) 장 례

사정에 따라서 자유롭게 결정할 수 있으며 일반적으로 3일장 혹은 5일장을 많이 합니다. 장례 절차에 따라 발인 예배 및 하관 예배를 드리되 주일은 피해야 합니다. 발인 예배를 드린 후 장지로 떠나며 그곳에 도착하면 하관 예배를 드리고 장사를 지냅니다.

3. 추도 예배에 관하여

돌아가신 날을 당하여 고인을 추모하기를 원할 때에는 추도 예배를 하나님께 드릴 수 있습니다.

제 2 편

학습 문답 예문

Preparation Study for Baptism

신앙생활에 대하여

성경에 대하여

교리와 신앙신조에 대하여

1장 신앙생활에 대하여

1. 문 : 교회에 출석한 지는 얼마나 됐습니까?

   답 : (　　)개월이 되었습니다.

2. 문: 교회에 나오기 시작한 후 주일을 힘써서 지켰습니까?

   답 : 예, 지켰습니다.

3. 문: 교회의 각종 예배와 모임에 열심히 참석하시겠습니까?

   답 : 예, 아멘.

4. 문: 교회는 신성한 곳임을 알아 성전에서 거룩히 행동하며 교회의 모든 기물을 소중히 다루시겠습니까?

   답 : 예, 아멘.

5. 문 : 예배는 누구에게 드리는 것입니까?

답 : 하나님께 드리는 것입니다.

6. 문 : 기도는 무엇입니까?

답 : 영의 호흡이고, 하나님과의 대화이며
하나님의 응답과 능력을 받는 방법이기도 합니다.

7. 문 : 기도는 누구에게 하는 것입니까?

답 : 하나님께 하는 것입니다.

8. 문 : 기도는 누구의 이름으로 해야 합니까?

답 : 예수 그리스도의 이름으로 해야 합니다.

9. 문 : 기도는 어떻게 해야 하나요?

답 : ① 습관을 좇아 ② 무릎을 꿇고 ③ 부르짖어
④ 중심을 다해 ⑤ 믿음과 사랑을 가지고
⑥ 하나님의 뜻에 합하게
⑦ 힘쓰고 애써서 해야 합니다.

10. 문 : 찬송은 무엇이며 어떻게 불러야 합니까?

답 : 하나님을 찬양하는 노래로서 마음과 정성을 다해 불러야 합니다.

11. 문 : 성경을 읽고 공부하십니까?

답 : 예, 아멘.

12. 문: 교회의 가르침과 방침에 따라 순종하고 행하시겠습니까?

답 : 예, 아멘.

13. 문 : 술과 담배는 하나님의 뜻에 위배됨을 깨달아 안 하시겠습니까?

답 : 예, 아멘.

14. 문 : 우상을 섬기는 일이나 점, 굿 등을 하시지 않겠습니까?

답 : 예, 아멘.

15. 문 : 도박이나 불건전한 오락에 참여하시지 않겠습니까?

답 : 예, 아멘.

16. 문 : 돈놀이나 고리대금 행위는 하나님의 뜻에 위배됨을 깨달아 하시지 않겠습니까?

답 : 예, 아멘.

17. 문 : 주 안에서 부모님을 공경하시겠습니까?

답 : 예, 아멘.

18. 문 : 가족이 다 함께 교회에 나오도록 권면하시겠습니까?

답 : 예, 아멘.

19. 문 : 우리 교회의 이름은 무엇입니까?

답 : (　　　　) 교회입니다.

20. 문 : 자신이 어느 교구, 무슨 선교회에 속해 있는지 아십니까?

답 : (자신의 해당 교구와 선교회를 대답한다.)

21. 문 : 교회는 하나님의 부르심을 입은 사람들의 모임임을 믿습니까?

답 : 예, 아멘.

22. 문 : 끝까지 하나님을 믿기로 작정하셨습니까?

답 : 예, 아멘.

2장 성경에 대하여

1. 문 : 기독교의 경전은 무엇입니까?

   답 : 성경입니다.

2. 문 : 성경은 어떻게 나뉘어 있습니까?

   답 : 구약과 신약으로 나뉘어 있습니다.

3. 문 : 성경은 몇 권으로 구성되어 있습니까?

   답 : 구약 39권, 신약 27권으로 총 66권입니다.

4. 문 : 성경은 무엇입니까?

   답 : 살아 계신 하나님의 말씀을 기록한 책입니다.

5. 문 : 성경은 누가 어떻게 기록하였습니까?

답 : 하나님께서 특별히 선택한 사람들이 하나님의 감동으로 기록하였습니다(디모데후서 3:16).

6. 문 : 천지 만물과 사람을 창조하신 기록은 성경 어느 책에 있습니까?

답 : 창세기에 있습니다.

7. 문 : 모세가 하나님께 받아 기록한 십계명은 성경 어느 책에 있습니까?

답 : 출애굽기에 있습니다.

8. 문 : 하나님은 천지 만물을 창조하실 때 몇째 날에 사람을 지으셨나요?

답 : 여섯째 날입니다(창세기 1:27).

9. 문 : 인류의 시조는 누구입니까?

답 : 아담과 하와입니다.

10. 문 : 하나님은 첫 사람 아담을 어떻게 만드셨습니까?

답 : 흙으로 사람을 지으시고 그 코에 생기를 불어넣어 생령이 되게 하셨습니다.

11. 문 : 아담과 하와가 하나님의 말씀에 불순종하고 먹은 실과는 무엇입니까?

답 : 선악과 즉 선과 악을 알게 하는 나무의 실과입니다.

12. 문 : 모든 육축과 새와 들짐승의 이름을 지은 사람은 누구입니까?

답 : 아담입니다.

13. 문 : 아담과 하와가 이 땅에서 낳은 아들은 누구입니까?

답 : 가인, 아벨, 셋 등입니다.

14. 문 : 하나님과 300년간 동행을 하다 산 채로 하늘로 올라간 사람은 누구입니까?

답 : 에녹입니다.

15. 문 : 하나님께서 구약 시대에 대홍수로 심판하실 때에 방주를 만든 의인은 누구입니까?

답 : 노아입니다.

16. 문 : 믿음의 조상이라 일컬음을 받은 사람은 누구입니까?

답 : 아브라함입니다.

17. 문 : 아브라함이 100세에 얻은 아들은 누구입니까?

답 : 이삭입니다.

18. 문 : 이삭의 두 아들은 누구입니까?

답 : 에서와 야곱입니다.

19. 문 : 팥죽 한 그릇에 동생에게 장자의 명분을 판 사람은 누구입니까?

답 : 에서입니다.

20. 문 : 이스라엘의 조상이 된 야곱은 아들을 몇 명 두었습니까?

답 : 12명입니다.

21. 문 : 형들의 모함으로 애굽에 팔려가서 총리의 자리에까지 올랐던 야곱의 아들은 누구입니까?

답 : 요셉입니다.

22. 문 : 하나님의 부르심을 받아 이스라엘 백성을 애굽에서 인도해 낸 사람은 누구입니까?

답 : 모세입니다.

23. 문 : 모세 오경은 무엇입니까?

답 : 창세기, 출애굽기, 레위기, 민수기, 신명기입니다.

24. 문 : 모세가 하나님으로부터 십계명을 받은 곳은 어디입니까?

답 : 시내산입니다.

25. 문 : 하나님께서 이스라엘 백성에게 주리라 약속하신 땅은 어디입니까?

답 : 가나안 땅입니다.

26. 문 : 모세의 후계자로서 이스라엘 자손들을 약속의 땅으로 인도한 사람은 누구입니까?

답 : 여호수아입니다.

27. 문 : 이스라엘 마지막 사사(士師)로서 사울 왕에게 기름을 부은 선지자는 누구입니까?

답 : 사무엘 선지자입니다.

28. 문 : 구약 시대에 하나님의 사랑을 가장 많이 받은 왕은 누구입니까?

답 : 다윗 왕입니다.

29. 문 : '예수'라는 이름의 뜻은 무엇입니까?

답 : '자기 백성을 저희 죄에서 구원할 자' 라는 뜻입니다.

30. 문 : 예수님은 어디에서 태어나셨습니까?

답 : 베들레헴입니다.

31. 문 : 예수님은 어디에서 어린 시절을 보내셨습니까?

답 : 나사렛입니다.

32. 문 : 예수님의 생애와 사역을 증거하는 복음서는 무엇입니까?

답 : 마태복음, 마가복음, 누가복음, 요한복음입니다.

33. 문 : 예수님께서 세상에 오신 때는 지금부터 몇 년 전입니까?

답 : 예수님의 탄생을 기점으로 서기력을 사용하고 있으므로 약 (   )년 전입니다.

34. 문 : 동정녀 마리아는 어떻게 예수님을 잉태했습니까?

답 : 성령으로 잉태하였습니다.

35. 문 : 예수님이 갈릴리 가나에서 행하신 처음 표적은 무엇입니까?

답 : 물로 포도주를 만드신 일입니다.

36. 문 : 예수님이 공생애를 시작하면서 부르신 제자는 몇 명이었습니까?

답 : 12명입니다.

37. 문 : 예수님은 어떻게 죽으셨습니까?

답 : 우리의 죄를 대속하기 위하여 십자가에 못 박혀 돌아가셨습니다.

38. 문 : 예수님을 판 제자는 누구입니까?

답 : 가룟 유다입니다.

39. 문 : 예수님은 몇 시간 동안 십자가에 달려 계셨습니까?

답 : 6시간입니다.

40. 문 : 예수님은 왜 양손과 양발에 못 박히셨나요?

답 : 우리의 손과 발로 지은 죄를 사하시기 위해서입니다.

41. 문 : 예수님은 왜 머리에 가시면류관을 쓰셨나요?

답 : 우리의 생각으로 지은 죄를 사하시기 위해서입니다.

42. 문 : 예수님은 죽으시고 장사된 지 며칠 만에 부활하셨습니까?

답 : 3일 만에 부활하셨습니다.

43. 문 : 예수님은 부활하신 후 무엇을 하셨나요?

답 : 40일 동안 여러 차례 제자들에게 나타나 가르치시고 승천하셨습니다.

44. 문 : 주님의 재림의 날과 때는 누구만 알고 계신가요?

답 : 오직 아버지 하나님만 알고 계십니다.
(마태복음 24:36, 마가복음 13:32)

45. 문 : 신약 성경 중 사도들의 행적은 성경 어디에 기록되어 있습니까?

답 : 사도행전입니다.

46. 문 : 예수님의 12사도에는 속하지 않으나 큰 권능을 행하며
복음을 전한 이방인의 사도는 누구입니까?

답 : 바울 사도입니다.

47. 문 : 사도 요한이 앞으로 이뤄질 일에 관한 계시와 예언을
기록한 말씀은 성경 어디에 있습니까?

답 : 요한계시록에 있습니다.

48. 문 : 죄의 삯은 무엇입니까?

답 : 사망입니다(로마서 6:23).

49. 문 : 우리가 예수님을 구세주로 영접하면 하나님께서는 우리에게
어떤 권세를 주십니까?

답 : 하나님의 자녀 된 권세를 주십니다(요한복음 1:12).

3장 교리와 신앙신조에 대하여

1. 문 : 하나님은 언제부터 언제까지 계십니까?

   답 : 영원부터 영원까지 계십니다(시편 90:2).

2. 문 : 하나님은 몇 분이십니까?

   답 : 오직 한 분이십니다.

3. 문 : 하나님이 천지 만물을 말씀으로 창조하셨음을 믿으십니까?

   답 : 예, 아멘.

4. 문 : 천국과 지옥이 있음을 믿으십니까?

   답 : 예, 아멘.

5. 문 : 우리는 누구의 이름으로 구원을 받습니까?

   답 : 예수 그리스도입니다.

6. 문 : 구원이란 무엇입니까?

답 : 예수 그리스도를 믿음으로 죄로 인한 사망에서 건짐 받아 영생을 얻는 것입니다.

7. 문 : '그리스도'라는 말의 뜻은 무엇입니까?

답 : 그리스도란 기름부음을 받은 자 곧 구원자라는 의미이며, 메시아라고도 합니다.

8. 문 : 예수 그리스도 외에 다른 이름으로는 구원받을 수 없음을 믿으십니까?

답 : 예, 아멘.

9. 문 : 예수님을 구세주로 영접한 자에게 주시는 하나님의 선물은 무엇입니까?

답 : 성령입니다.

10 문 : 사도신경을 자신의 신앙고백으로 믿고 시인하십니까?

답 : 예, 아멘.

11. 문 : 공예배에는 어떠한 것이 있습니까?

답 : 주일 대예배, 주일 저녁예배, 수요예배, 금요철야예배가 있습니다.

12. 문 : 예배 시간은 어떻게 지켜야 합니까?

답 : 묵도로 시작하여 축도(또는 주기도문)로 마치는 시간까지 모든 순서에 정성을 다해야 합니다.

13. 문 : 주일이란 무엇입니까?

답 : 주님의 날이라는 뜻이며 하나님께서 거룩하게 하시고 복을 주고자 정하신 안식일로서 주 안에서 참된 안식을 누리는 날입니다.

14. 문 : 우리 교회가 속해 있는 교단 명칭은 무엇입니까?

답 : 예수교 연합성결회 총회입니다.

15. 문 : 우리 교회가 속한 교단의 5대 교리, 곧 오중복음은 무엇입니까?

답 : 중생, 성결, 신유, 부활, 재림입니다.

16. 문 : 교회에서 특별히 지키는 절기로는 어떤 것이 있습니까?

답 : 부활절, 맥추감사절, 추수감사절, 성탄절이 있습니다.

17. 문 : 성경은 전혀 틀림이 없으며 영원히 변함없는 하나님의 말씀으로 믿습니까?

답 : 예, 아멘.

18. 문 : 사람이 동물과 다른 점은 무엇입니까?

답 : 영이 없는 동물과 달리 사람은 영이신 하나님의 형상대로 창조되어 영 · 혼 · 육을 가진 존재로서 하나님을 경외할 수 있다는 것입니다.

19. 문 : 예수님은 근본 하나님의 본체시나 우리의 죄를 대속하기 위해 육신을 입고 오셨음을 믿으십니까?

답 : 예, 아멘.

20. 문 : 삼위일체 하나님을 부정하거나 예수님이 육신을 입고 이 땅에 오셔서 십자가에 못 박혀 죽으셨다가 부활하셨음을 부인하는 이단을 거부하고 그들과 신앙적인 토론을 피하시겠습니까?

답 : 예, 아멘.

21. 문 : 주님의 재림을 믿으십니까?

답 : 예, 아멘.

22. 문 : 백보좌 심판은 언제 있습니까?

답 : 천년왕국 시대가 끝난 후에 있습니다.

23. 문 : 천국에서의 생활은 얼마 동안 계속됩니까?

답 : 영원한 세계이므로 영원무궁합니다.

제 3 편

세례 문답 예문

Detailed Study for the Baptism

신앙생활에 대하여

성경에 대하여

교리와 신앙신조에 대하여

1장 신앙생활에 대하여

1. 문 : 세례를 받을 수 있는 자격은 무엇입니까?

   답 : 학습을 받은 후 4-5개월 이상 교회에 출석을 잘하고, 구원의 확신을 가진 자라야 합니다.

2. 문 : 학습을 받은 후 주일성수를 잘했습니까?

   답 : 예, 아멘.

3. 문 : 매일 규칙적으로 성경을 읽고 있습니까?

   답 : 예, 아멘.

4. 문 : 매일 규칙적으로 기도생활을 하십니까?

   답 : 예, 아멘.

5. 문 : 십일조와 감사예물, 절기예물을 하나님께 드리십니까?

답 : 예, 아멘.

6. 문 : 다른 사람에게 전도해 보았습니까?

답 : 예, 아멘.

7. 문 : 세례를 받으면 교회의 구성원으로서 봉사와 헌신, 전도를 위해 노력하시겠습니까?

답 : 예, 아멘.

8. 문 : 구역예배에 참석하시겠습니까?

답 : 예, 아멘.

9. 문 : 자신이 속해 있는 기관 모임에 참석하고 계십니까?

답 : 예, 아멘.

10. 문 : 우리 주님을 닮은 거룩한 마음이 되기 위해 세상과 타협하지 않으며 죄악을 벗어 버리시겠습니까?

답 : 예, 아멘.

11. 문 : 우리는 하나님께 어떻게 예배드려야 합니까?

답 : 하나님은 영이시기 때문에 신령과 진정으로 예배드려야 합니다.

12. 문 : 진정한 회개는 무엇이라 생각하십니까?

답 : 자신이 죄인임을 깨닫고 인정하여 하나님 앞에서 통회 자복하고 죄에서 떠나는 것입니다.

13. 문 : 교회란 무엇입니까?

답 : 진리를 듣고 영생을 얻는 사람들의 모임이며, 예수 그리스도를 교회의 머리로 하여 그분의 뜻을 좇아 순종하며, 목자를 통하여 의의 삶을 살아가도록 가르침을 받는 곳입니다.

14. 문 : 성경 해석에 대한 바른 태도는 무엇이라 여기십니까?

답 : 성경은 하나님의 감동으로 되어 있으므로 기도하여 성령의 감동함 가운데 해석하여야 하며 계시나 예언을 비평적으로 해석해서는 안 됩니다.

2장 성경에 대하여

1. 문 : 우리는 어떻게 하나님을 알 수 있습니까?

   답 : 하나님이 창조하신 자연(로마서 1:20)과 하나님의 말씀인 성경(디모데후서 3:15-17)을 통해 알 수 있습니다.

2. 문 : 하나님께서는 인간을 왜 만드셨습니까?

   답 : 하나님께 영광을 돌리고 하나님과 사랑을 나눌 수 있는 참 자녀를 얻으시기 위해서입니다.

3. 문 : 천지 창조의 순서는 무엇입니까?

   답 : 첫째 날- 빛, 둘째 날- 궁창, 셋째 날- 땅 바다 식물, 넷째 날- 해 달 별, 다섯째 날- 어류 조류, 여섯째 날- 육축 짐승 사람

4. 문 : 하나님께서는 사람을 지으신 후 어떻게 살도록 복을 주셨습니까?

   답 : 생육하고 번성하며 땅을 정복하고 다스리며 살게 하셨습니다.

5. 문 : 사람이 하나님께서 주신 복을 다 누리지 못하게 된 이유는 무엇입니까?

답 : 하나님의 명령을 어기고 선악을 알게 하는 나무의 실과를 먹는 죄를 지었기 때문입니다.

6. 문 : 아담과 하와를 유혹한 뱀은 하나님으로부터 어떤 저주를 받았습니까?

답 : 종신토록 흙을 먹고 살며 배로 다니게 되었습니다.

7. 문 : 첫 사람 아담이 하나님께서 금하신 선악과를 먹고 난 후 남자와 여자에게 임한 저주는 무엇입니까?

답 : 남자는 종신토록 땀 흘려 일해야 먹고 살 수 있게 되었고, 여자는 잉태하는 고통이 크게 더하여 수고하고 자식을 낳으며 남편을 사모하고 남편의 다스림을 받게 되었습니다.

8. 문 : 구약 성경은 크게 어떻게 구분됩니까?

답 : 율법서(창세기~신명기), 역사서(여호수아~에스더), 시가서(욥기~아가서), 예언서(이사야~말라기)

9. 문 : 신약 성경은 크게 어떻게 구분됩니까?

답 : 4복음서(마태복음~요한복음), 역사서(사도행전), 서신서(로마서~유다서), 예언서(요한계시록)

10. 문 : 아브라함은 어떤 시험을 거쳐서 믿음의 조상이 되었습니까?

답 : 독자 이삭을 번제로 바치라는 시험입니다.

11. 문 : 야곱이 이스라엘이라는 이름을 받은 곳은 어디입니까?

답 : 얍복강가입니다.

12. 문 : 하나님은 출애굽한 이스라엘 백성을 광야에서 어떻게 인도하셨습니까?

답 : 밤에는 불기둥으로, 낮에는 구름기둥으로 인도하셨습니다.

13. 문 : 하나님께서 출애굽하여 광야생활을 하는 이스라엘 백성에게 주신 양식은 무엇입니까?

답 : 만나와 메추라기입니다.

14. 문 : 모세는 어떤 사람이었습니까?

답 : 온유함이 지면의 모든 사람보다 승하였고 온집에 충성하였으며, 하나님과 대면할 만큼 온전한 사람이었습니다.

15. 문 : 출애굽 당시에 20세 이상인 사람 중에서 약속의 땅인 가나안에 들어간 사람은 누구입니까?

답 : 여호수아와 갈렙입니다.

16. 문 : 모세의 후계자는 누구이며 그가 한 일은 무엇입니까?

답 : 여호수아이며 이스라엘 민족을 인도하여 가나안 땅을 정복하고 그 땅을 열두 지파에게 분배해 주었습니다.

17. 문 : 이스라엘이 왕 없이 하나님께 직접 통치받던 시대를 무엇이라 합니까?

답 : 사사시대라고 합니다.

18. 문 : 이스라엘의 사사는 무엇을 하는 사람입니까?

답 : 출애굽한 이스라엘 백성이 가나안 땅에 정착한 후 왕정시대가 시작되기 전까지 유대 민족을 다스리던 제정 일치의 통치자입니다.

19. 문 : 하나님 말씀에 불순종하여 버림받은 이스라엘의 초대 왕은 누구입니까?

답 : 사울 왕입니다.

20. 문 : 예루살렘 성전을 건축하였으며 지혜가 많았던 이스라엘의 왕은 누구입니까?

답 : 솔로몬 왕입니다.

21. 문 : 솔로몬이 죽고, 그 아들 르호보암이 왕이 된 후 이스라엘 왕국은 어떻게 되었습니까?

답 : 북 이스라엘과 남 유다로 나뉘었습니다.

22. 문 : 북 이스라엘 왕국은 나중에 어떻게 되었습니까?

답 : 앗수르에 의해 멸망하였습니다.

23. 문 : 남 유다 왕국은 나중에 어떻게 되었습니까?

답 : 바벨론에 의해 멸망하고 백성은 포로로 잡혀갔습니다.

24. 문 : 유대민족은 70년 동안 바벨론에 있다가 조국에 귀환하였을 때 무슨 일을 먼저 하였습니까?

답 : 예루살렘 성전을 재건하는 일입니다.

25. 문 : 구약의 예언자들은 무슨 일을 하였습니까?

답 : 하나님의 말씀을 듣고 그 말씀을 사람들에게 전하였습니다.

26. 문 : 구약 시대에 메시아 곧 우리 주 예수님에 대해 가장 많이 예언한 사람은 누구입니까?

답 : 이사야입니다.

27. 문 : 예수님의 고난과 못 박히심에 대한 예언은 성경 어디에 있습니까?

답 : 이사야 53장에 있습니다.

28. 문 : 바벨론에 포로로 잡혀 갔으나 믿음의 절개를 지키고 총리로 일한 선지자는 누구입니까?

답 : 다니엘입니다.

29. 문 : 구약의 3대 절기는 무엇입니까?

답 : 유월절(무교절), 칠칠절(맥추절), 장막절(수장절)

30. 문 : 복음서는 무엇이고, 공관복음서는 무엇입니까?

답 : 복음서는 예수님의 생애와 교훈을 기록한 4복음서를 말하며, 공관복음서란 그중에 관점이 비슷한 마태, 마가, 누가복음을 말합니다.

31. 문 : 복음서에 나타나는 예수님의 사역은 무엇입니까?

답 : 1) 하나님의 뜻과 섭리를 가르쳐 주시며 천국 복음을 전파하셨습니다.

2) 원수 마귀 사단의 일을 멸하시고 귀신을 쫓아내셨습니다.

3) 약한 자와 병자를 치료하셨으며 죽은 자를 살리셨습니다.

4) 십자가에 못 박혀 돌아가심으로 우리 죄를 대속하셨고 사망 권세를 깨뜨리고 부활하여 우리에게 부활의 소망을 주셨습니다.

32. 문 : 열두 제자 중에서 예수님이 가장 사랑하고 또 예수님을 가까이했던 세 제자는 누구입니까?

답 : 베드로, 야고보, 요한입니다.

33. 문 : 예수님의 산상수훈 중 팔복은 복음서 중 어디에 기록되어 있습니까?

답 : 마태복음 5장입니다.

34. 문 : 동방으로부터 온 박사들이 아기 예수님께 엎드려 경배하고 드린 세 가지 예물은 무엇입니까?

답 : 황금과 유향과 몰약입니다.

35. 문 : 예수님이 우리에게 보여 주신 가장 모범적인 기도의 모습은 어떤 것입니까?

답 : 습관을 좇아, 무릎을 꿇고, 하나님의 뜻대로 되기를 기도하시되 힘쓰고 애써 부르짖어 기도하셨습니다.

36. 문 : 예수님이 가르치신 비유 중에서 대표적인 것을 열거하세요.

답 : 씨 뿌리는 비유, 포도나무 비유, 선한 사마리아인의 비유, 달란트 비유, 열 처녀 비유, 겨자씨 비유, 탕자의 비유 등이 있습니다.

37. 문 : 예수님이 행하신 기적 중 대표적인 것을 말해 보세요.

답 : 물이 변하여 포도주가 되게 하신 것, 오병이어의 기적, 바다의 풍랑을 잔잔케 하신 것, 물 위를 걸으신 것, 죽은 자를 살리신 것 등입니다.

38. 문 : 예수님을 반대한 사람은 누구였습니까?

답 : 대제사장과 제사장들 그리고 서기관, 바리새인, 사두개인들이었습니다.

39. 문 : 예수님을 재판하고 십자가 처형을 언도한 사람은 누구입니까?

답 : 본디오 빌라도 총독입니다.

40. 문 : 예수님께서 십자가에 못 박혀 죽으신 곳은 어디입니까?

답 : 골고다입니다.

41. 문 : 왜 예수님만이 우리의 구세주가 될 수 있습니까?

답 : 1) 예수님은 아담의 근족인 사람이기 때문입니다.

2) 예수님은 아담의 후예가 아니기 때문입니다.

3) 예수님은 죄를 대속할 힘이 있기 때문입니다.

4) 예수님은 목숨까지 줄 수 있는 사랑이 있기 때문입니다.

42. 문 : 예수님이 나무 십자가에 달리신 이유는 무엇입니까?

답 : 율법의 저주에서 속량하시기 위해서입니다.

43. 문 : 예수님이 채찍에 맞고 피 흘리신 이유는 무엇입니까?

답 : 모든 질병의 근원이 되는 죄의 문제를 해결하여 주심으로 우리에게 평화를 누리게 하고 모든 질병에서 해방되게 하기 위함입니다.

44. 문 : 인자의 살을 먹는다는 것은 무슨 뜻입니까?

답 : 인자의 살이란 진리 자체인 하나님 말씀을 의미하므로, 성경 66권에 기록된 하나님 말씀을 양식 삼는다는 뜻입니다.

45. 문 : 인자의 피를 마신다는 것은 무슨 뜻입니까?

답 : 양식 삼은 하나님 말씀을 믿음으로 행하는 것을 의미합니다.

46. 문 : 우리 몸을 성전 삼고 거하시는 분은 누구십니까?

답 : 성령님입니다.

47. 문 : 주님의 승천 후 제자들은 언제 처음 성령을 받았습니까?

답 : 승천하신 지 10일 후(오순절)입니다.

48. 문 : 성령을 받은 자에게 나타나는 증거는 무엇입니까?

답 : 1) 계명들을 지키려고 노력합니다.

2) 하나님의 말씀에 즐겁게 순종하고 싶어합니다.

3) 깨끗한 삶을 살고자 합니다.

4) 신앙의 형제들을 깊이 사랑하기 시작합니다.

5) 세상을 믿음으로 이기며 살아갑니다.

6) 구원의 확신이 생깁니다.

7) 기도 응답에 대한 확신이 생깁니다.

8) 하나님 제일주의로 살아갑니다.

49. 문 : 일곱 교회 중에서 주님께 유일하게 칭찬만 받은 교회로, 오늘날 많은 교회들의 표상이 되는 교회는 어느 교회입니까?

답 : 빌라델비아교회입니다.

50. 문 : 초대교회 시대에 가룟 유다 대신 주님의 제자로 뽑힌 사람은 누구입니까?

답 : 맛디아입니다.

51. 문 : 에디오피아의 내시에게 세례를 베풀고 이사야의 말씀을 풀어 준 집사는 누구입니까?

답 : 빌립 집사입니다.

52. 문 : 사도 베드로는 어떠한 사람입니까?

답 : 예수님의 수제자로서 "주는 그리스도시요, 살아 계신 하나님의 아들" 이라고 고백하였습니다. 많은 권능을 행하며 십자가에 거꾸로 못 박혀 순교하기까지 복음전파에 힘썼던 유대인의 사도입니다.

53. 문 : 사도 바울은 어떠한 사람입니까?

답 : 주님을 알기 전 그리스도인을 박해하였으나 다메섹에서 예수 그리스도를 만난 후 일생을 이방인 선교에 힘쓰고 신약 성경 14권을 기록한 사람입니다.

54. 문 : 성령의 아홉 가지 열매는 무엇입니까?

답 : 사랑, 희락, 화평, 오래 참음, 자비, 양선, 충성, 온유, 절제입니다.

55. 문 : 은혜와 권능이 충만하여 큰 기사와 표적을 행하며 복음을 전했으나 하나님을 모독하였다는 이유로 돌에 맞아 순교한 집사는 누구입니까?

답 : 스데반입니다.

56. 문 : 옥중서신이란 무슨 책입니까?

답 : 사도 바울이 옥중에서 기록한 책으로서 에베소서, 빌립보서, 골로새서, 빌레몬서입니다.

57. 문 : 목회서신이란 무슨 책입니까?

답 : 사도 바울이 사랑하는 제자 디모데와 디도에게 보낸 목회에 관한 편지로서 디모데전서, 디모데후서, 디도서가 여기에 속합니다.

58. 문 : 이방인이었지만 구제를 많이 하고 경건하여 온 집이 하나님을 경외했으며 베드로에게 세례를 받은 사람은 누구입니까?

답 : 고넬료입니다.

59. 문 : 성경에는 우리 인간이 무엇, 무엇, 무엇으로 구성되어 있다고 나옵니까?

답 : 영, 혼, 몸(육)입니다(데살로니가전서 5:23).

60. 문 : 하나님 보좌가 있으며 열두 진주문이 있는 가장 아름다운 천국 처소의 이름은 무엇입니까?

답 : 새 예루살렘입니다.

3장 교리와 신앙신조에 대하여

1. 문 : 원죄는 무엇입니까?

   답 : 자녀는 부모의 기를 받고 태어나기 때문에 부모의 성품이나 외모를 닮습니다. 이렇듯이 인류의 시조인 아담이 불순종의 죄를 범한 후 그의 혈통을 이어받은 모든 사람은 그의 죄성을 가지고 태어나는데 이 죄성을 원죄라 합니다.

2. 문 : 첫 사람 아담이 하나님 말씀에 불순종하게 된 이유는 무엇입니까?

   답 : 사단의 사주를 받는 뱀의 유혹에 넘어가 하나님께서 주신 자유 의지를 남용하였기 때문입니다.

3. 문 : 우리에게는 어떠한 죄가 있었습니까?

   답 : 원죄와 태어나 살아가면서 스스로 지은 자범죄입니다.

4. 문 : 죄의 문제를 어떻게 해결할 수 있습니까?

답 : 하나님 앞에 회개하고 예수 그리스도를 영접하면 예수 그리스도의 보혈의 공로로 죄에서 해방될 수 있습니다.

5. 문 : 오중복음에서 중생의 의미는 무엇입니까?

답 : 중생은 물과 성령으로 거듭나는 것으로, 죄를 회개하여 예수 그리스도의 보혈로 씻김을 받아 죄인이 아닌 의인으로 새롭게 태어난 것을 의미합니다.

6. 문 : 오중복음에서 성결의 의미는 무엇입니까?

답 : 중생한 자가 성령의 도우심으로 죄와 악을 버리고 하나님 말씀대로 살아 거룩함에 이르는 것을 말합니다.

7. 문 : 오중복음에서 신유의 의미는 무엇입니까?

답 : 하나님의 능력으로 질병이나 연약함 등이 치료되는 것을 말합니다.

8. 문 : 오중복음에서 부활의 의미는 무엇입니까?

답 : 부활이란 죽었다가 다시 사는 것을 뜻하는데, 예수님이 사망 권세를 깨뜨리고 부활하신 것처럼 하나님의 자녀들은 영생할 수 있는 신령한 몸으로 다시 살게 됩니다.

9. 문 : 오중복음에서 재림의 의미는 무엇입니까?

답 : 주님이 승천하신 모습 그대로 다시 오신다는 것입니다.

10. 문 : 하나님은 구원받을 자를 결정해 놓으신 것이 아니라 우리의 선택에 맡기셨음을 믿으십니까?

답 : 예, 아멘.

11. 문 : 믿음의 분량에도 차이가 있음을 인정하고 더 깊은 믿음의 단계에 오르고자 노력하겠습니까?

답 : 예, 아멘.

12. 문 : 요한1서 2장 16절에는 우리가 하나님을 사랑하기 위해 이 세상에서 버려야 할 것이 무엇이라고 말하고 있습니까?

답 : 육신의 정욕, 안목의 정욕, 이생의 자랑입니다.

13. 문 : 하나님께서 싫어하시는 죄를 버리기 위해서는 어떻게 해야 할까요?

답 : 죄를 버리기 위한 자신의 노력과 함께 불같이 기도하여 하나님의 은혜와 능력을 힘입고 성령의 도우심을 받아야 합니다.

14. 문 : 사망에 이르는 죄에는 어떤 것이 있습니까?

답 : 성령 훼방, 거역, 모독하는 경우(마태복음 12:31-32, 마가복음 3:29, 누가복음 12:10), 주님을 다시 십자가에 못 박아 현저히 욕을 보인 경우

(히브리서 6:4-6), 진리를 아는 지식을 받은 후 짐짓 죄를 범하는 경우 (히브리서 10:26-27)입니다.

"사람의 모든 죄와 훼방은 사하심을 얻되 성령을 훼방하는 것은 사하심을 얻지 못하겠고 또 누구든지 말로 인자를 거역하면 사하심을 얻되 누구든지 말로 성령을 거역하면 이 세상과 오는 세상에도 사하심을 얻지 못하리라" (마태복음 12:31-32)

"누구든지 성령을 훼방하는 자는 사하심을 영원히 얻지 못하고 영원한 죄에 처하느니라 하시니" (마가복음 3:29)

"누구든지 말로 인자를 거역하면 사하심을 받으려니와 성령을 모독하는 자는 사하심을 받지 못하리라" (누가복음 12:10)

"한번 비췸을 얻고 하늘의 은사를 맛보고 성령에 참예한바 되고 하나님의 선한 말씀과 내세의 능력을 맛보고 타락한 자들은 다시 새롭게 하여 회개케 할 수 없나니 이는 자기가 하나님의 아들을 다시 십자가에 못 박아 현저히 욕을 보임이라" (히브리서 6:4-6)

"우리가 진리를 아는 지식을 받은 후 짐짓 죄를 범한즉 다시 속죄하는 제사가 없고 오직 무서운 마음으로 심판을 기다리는 것과 대적하는 자를 소멸할 맹렬한 불만 있으리라" (히브리서 10:26-27)

15. 문 : 갈라디아서 5장 19-21절에 나오는 현저한 육체의 일을 행하는 사람은 구원받지 못한다는 것을 아십니까?

답 : 예, 아멘.

16. 문 : 한번 성령을 받아도 다시 소멸될 수 있음을 아십니까?

답 : 예, 아멘.

17. 문 : 은혜란 무엇입니까?

답 : 하나님께서 값없이 사람에게 주시는 것으로, 우리 생활에 필요한 모든 것과 예수 그리스도를 주셔서 죄를 사하고 영원한 생명을 얻게 하시는 것입니다.

18. 문 : 세례란 무엇입니까?

답 : 교회의 성례 중 하나로 하나님의 자녀가 되어 죄를 용서받았다는 상징적인 표입니다. 뿐만 아니라 하나님의 말씀을 묵상하며 날마다 진리로 씻으라는 의미입니다.

19. 문 : 성령세례는 무엇입니까?

답 : 죄를 회개하고 예수 그리스도를 영접하면 성령을 선물로 받아 죽었던 영이 살아나는데, 이렇게 성령으로 거듭나는 것을 말합니다.

20. 문 : 불세례는 무엇입니까?

답 : 성령의 불이 임하여 하나님의 능력이 주어지는 것을 말합니다. 불세례를 받으면 죄성과 질병을 태움 받고 가정, 일터, 사업터에서도 원수 마귀 사단이 물러갑니다.

21. 문 : 성찬식이란 무엇입니까?

답 : 예수님의 살과 피를 상징하는 떡과 포도즙을 먹고 마시는 예식입니다. 예수님께서 우리를 위해 십자가에서 죽으시고 살과 피를 다 내어 주신 사랑을 기념하는 것입니다. 더 나아가 우리가 영생을 얻기 위해서는 어떻게 신앙생활 해야 하는지를 깨우쳐 주는 예식입니다.

22. 문 : 성결교회는 어디서 누구에 의하여 시작되었습니까?

답 : 18세기 영국의 요한 웨슬리 목사의 성결운동에서 시작되었습니다.

23. 문 : 주기도문(예수님이 가르쳐 주신 기도)을 외워보세요.

답 : 하늘에 계신 우리 아버지여, 이름이 거룩히 여김을 받으시오며, 나라이 임하옵시며, 뜻이 하늘에서 이룬 것같이 땅에서도 이루어지이다. 오늘날 우리에게 일용할 양식을 주옵시고, 우리가 우리에게 죄지은 자를 사하여 준 것같이 우리 죄를 사하여 주옵시고, 우리를 시험에 들게 하지 마옵시고, 다만 악에서 구하옵소서. 나라와 권세와 영광이 아버지께 영원히 있사옵나이다. -아멘-

24. 문 : 사도신경은 무엇입니까?

답 : 기독교의 중요한 교리를 요약한 것으로서
그리스도인의 기본적인 신앙고백입니다.

제 4 편

학습·세례 성례문

Ceremony for the Completion of the Study for Baptism and the Baptism Ceremony

학습식

세례식

1장 학습식

학습 대상자들을 강단 앞에 앉히고, 아래의 순서에 따라서 예식을 거행한다.

1. 찬 송

2. 기 도

3. 성경 봉독 (에베소서 4:17-24)

4. 점 명 (학습 대상자를 불러 서게 한다)

5. 식 사 (式辭)

사랑하는 형제 자매들이여, 우리가 이곳에 나와 선 이들에게 거룩한 교회 "헌법" 에 따라서 학습식을 거행하려고 합니다.

무릇 새로 들어온 형제 자매들에게 학습식을 행하는 것은 믿음의 깊은 체험과 성경의 지식과 교회 봉사에 대한 훈련을 더 얻게 하기 위함이니, 여러 형제 자매들은 마땅히 말과 행동과 사랑과 믿음과 깨끗함으로써 모범을 보이며, 성경의 진리와 교회의 법도대로 지키기에 힘쓰시기 바랍니다.

6. 문 답

사랑하는 형제 자매들이 이미 죄악에서 떠나 예수 그리스도를 믿고 하나님을 섬기는 줄 아나 그 작정한 뜻을 하나님과 교회 앞에 알게 하기 위하여 진실하게 대답해 주시기 바랍니다.

(첫째 물음) 형제 자매들은 모든 죄를 회개하고 모든 구습과 좋지 못한 습관을 버리고, 예수 그리스도를 구세주로 믿습니까?
답 : 아멘.

(둘째 물음) 형제와 자매들은 "성경"을 하나님의 말씀으로 믿으며 "성경"의 교훈대로 살기를 원하며 "십계명"을 지키겠습니까?
답 : 아멘.

(셋째 물음) 형제와 자매들은 부지런히 "성경"을 읽으며, 기도하며, 전도하기를 힘쓰겠습니까?
답 : 아멘.

(넷째 물음) 형제와 자매들은 기독교의 기초 진리가 되는 거듭남의 은혜를 원하며, 믿음과 행실을 하나님의 말씀과 성령의 인도대로 복종하겠습니까?

답 : 아멘.

(다섯째 물음) 형제와 자매들은 주일에는 모든 사무를 쉬고 경건하게 하나님께 예배드리며, 주의 몸 된 교회를 위하여 물심 간에 기쁨으로 협력하겠습니까?

답 : 아멘.

7. 공 포

이 형제와 자매들은 묻는 말씀에 대하여 진실한 마음으로 대답하여, 그 결심한 바를 하나님과 교회 앞에 증거하였으므로, 이제부터 예수교 연합성결회 (   ) 교회 학습교인이 됨을 공포하노라.

8. 기도 후 세례식으로 이어진다.

세례 대상자가 없을 경우에는 송가와 축도로 마친다.

2장 세례식

강으로 가든지 세례 못에서 침례로 할 것이나, 사정이 허락지 않을 때에는 교회에서 약례로 다음의 순서에 따라 예식을 거행한다.

1. 찬 송

2. 기 도

3. 성경 봉독 (요한복음 3:1-8)

4. 식 사 (式辭)

세례는 우리 주께서 명하신 거룩한 예식인바,

이 형제 자매들이 주의 명을 의지하여, 물로 세례를 받으러 이곳에 왔으니,

이제 하나님의 인자하심과 축복이 이 형제 자매들에게 나타나

완전한 하나님의 자녀로서 천국과 영생을 얻기를 원하노라.

5. 기 도

6. 점 명 (앞에 나와 서게 한다)

7. 문 답

사랑하는 형제 자매들이여, 이제 형제 자매들은 세례를 받기 위하여 이곳에 나왔으니, 하나님과 교회 앞에서 묻는 말에 진실하게 대답해 주시기 바랍니다.

(첫째 물음) 형제와 자매들은 모든 죄를 회개하고 모든 구습과 세속적 습관을 버리고, 예수를 구주로 믿음으로 거듭나서 하나님의 자녀 됨을 확실히 믿으십니까?
답 : 아멘.

(둘째 물음) 형제와 자매들은 거듭난 후에 주의 보혈과 성령세례로 말미암아 성결의 은혜를 받을 줄 믿으십니까?
답 : 아멘.

(셋째 물음) 형제와 자매들은 신앙의 근간이 되는 "사도신경"을 전적으로 믿으십니까?
답 : 아멘.

(넷째 물음) 형제와 자매들은 세례를 받음으로써 주와 일체 되는 것을

믿으며, 일생을 주를 위하여 살며, 먹든지 마시든지 무엇을 하든지 주의 영광을 나타내기로 작정하십니까?

답 : 아멘.

(다섯째 물음) 형제와 자매들은 성경을 읽고, 기도하며, 전도하며, 헌금하기를 힘쓰며, 주일을 엄수하며, 교회의 모든 봉사에 충성하시겠습니까?

답 : 아멘.

8. 기 도

9. 세 례

(　　)에게 내가 "성부"와 "성자"와 "성령"의 이름으로 세례를 베푸노라. 아멘.

10. 공 포

이 형제 자매들은 묻는 말씀을 정성된 마음으로 대답하고, 삼위일체 하나님의 이름으로 세례를 받았으므로, 이제부터 예수교 연합성결회 (　　　　) 교회 세례교인이 됨을 공포하노라.

11. 기 도

12. 권 면

예수 그리스도의 이름으로 세워진 교회의 역할은 무엇인가?

신구약 성경 한눈에 보기

예수 그리스도의 이름으로 세워진 교회의 역할은 무엇인가?

예수님은 "주는 그리스도시요 살아 계신 하나님의 아들이시니이다"라고 고백하는 시몬 베드로에게 "너는 베드로(반석이라는 뜻)라 내가 이 반석 위에 내 교회를 세우리니 음부의 권세가 이기지 못하리라" 말씀하셨습니다(마 16:16-18). 이때부터 예수님은 제자들에게 십자가의 고난과 죽음, 부활에 대해 알려 주셨으며, 때가 이르자 구세주로서 하나님의 섭리를 온전히 이루셨습니다. 이후 성령 받은 제자들에 의해 예루살렘과 온 유대와 사마리아와 땅 끝까지 복음이 전파되었고 전 세계 곳곳에 무수한 교회가 세워졌습니다.

요한계시록에 기록된 일곱 교회와 같이 오늘날 여러 유형의 교회가 있습니다. 일곱 교회의 교훈은 교회사의 뒤안길에 묻힌 이야기가 아닙니다. 시대를 불문하고 모든 교회를 깨우기 원하시는 주님의 간절한 외침입니다. 만민중앙교회는 1982년 7월 25일, 아동 4명을 포함한 성도 13명이 모여 10여 평 남짓한 성전에서 개척 예배를 드린 후 가장 이상적인 교회였던 초대교회를 모델 삼아 달려왔습니다. 불같은 성령의 역사 가운데 부흥을 거듭하여 세계적인 대교회로 성장하였고 주님의 명령에 따라 땅 끝까지 복음을 전하고 있습니다. 성경을 토대로 가장 이상적인 교회상을 살펴보겠습니다.

첫째, 교인들이 구원받아야 합니다

우리가 교회에 나가는 가장 중요한 목적은 구원받기 위함입니다. 죄의 삯은 사망이기 때문에(롬 6:23) 죄의 문제를 해결해야 온전한 구원에 이를 수 있습니다. 그러므로 교회에서는 얼마나 죄가 무서운지, 왜 죄 때문에 구원받지 못하는지, 죄를 왜 벗어버려야 하는지 등 죄에 대한 말씀을 선포해야 합니다. 예수 그리스도를 영접하여 성령 받고 하늘나라 생명책에 이름이 기록되면 그것이 구원의 시작이며, 이 땅의 삶을 마치고 주님을 만나는 순간에 구원이 완성되는 것입니다.

어떤 사람들은 '주님을 영접함으로 과거, 현재, 미래의 죄를 다 사함 받았는데, 왜 죄에 대한 말씀을 자꾸 듣고 거듭 회개해야 하느냐'고 묻기도 합니다. 하지만 우리가 성령 받은 후에도 영적인 생명을 유지하기 위해서는 지속적으로 인자의 살과 피를 먹고 마셔야 합니다(요 6:53). 고속도로에 들어섰다고 해서 최종 목적지에 도달한 것이 아닌 것처럼, 온전한 구원에 이르려면 하나님 말씀대로 행하며 진리의 사람으로 변화되어야 하는 것입니다.

둘째, 성도들의 신앙이 자라서 성결된 하나님의 참 자녀가 되어야 합니다

주님께서 우리를 십자가의 사랑으로 살

예수님께서 팔복을 가르치셨다(마 5:1-10)고 전해지는 팔복산 위에 세워진 팔복교회

예수님께서 예루살렘을 보며 우신(눅 19:41-42) 사건을 기념해 세워진 눈물교회

예수님께서 자주 올라가셔서 기도하신 감람산(눅 22:44)에 세워진 만국교회

로마 군인들이 예수님께 가시면류관을 씌우고 채찍질한(요 19:1-3) 곳에 세워진 채찍교회

예수님의 죽음과 부활을(요 20:1-8) 기념해 그 분의 무덤 위에 세워진 성묘교회

사도 바울이 처형당한 곳에 세워진 바울순교 기념교회

려 주셨는데 '이제 구원받았으니 마음대로 살자' 하면 되겠습니까? 하나님을 사랑하는 삶을 살아가는 것이 그 은혜를 갚는 길임을 알아 구원받은 자녀의 도리를 다해야 합니다. 교회를 다니면서도 우리 안에 있는 죄성을 버리지 않으면 죄를 짓게 되고, 이로 인해 가정, 사업터, 건강의 문제가 생깁니다.

그러므로 아직 죄가 드러나지 않았다 해도 그 죄를 일으킬 수 있는 근본 죄성까지 버리는 것이 중요합니다. 육신의 정욕, 안목의 정욕, 이생의 자랑을 버리고 성결을 이루어 하나님의 형상을 회복하는 만큼 주님의 마음을 닮은 하나님의 참 자녀가 될 수 있습니다. 구원받은 성도들의 신앙이 자라서 어떤 상황에서도 요동하지 않는 장성한 분량, 즉 주님의 분량까지 이르러야 합니다(엡 4:13-15).

셋째, 재림의 주님을 선포해야 합니다

시한부 종말론은 주님이 오실 때를 정해놓고 거기에 맞춰서 집착된 신앙생활을 하기 때문에 정상적인 사회생활이나 가정생활을 못하게 합니다. 하지만 진정한 의미에서 종말론은 주님 재림의 때를 정해놓고 하는 신앙생활이 아니라 언제 내 영혼을 불러 가시든지 주님을 맞이할 수 있는 준비를 하는 것입니다.

따라서 교회는 건전하고 바른 종말론을 통해 성도들이 깨어 있는 신앙생활을 할 수 있도록 해야 합니다. 이처럼 재림의 주님을 맞이할 준비를 하도록 인도하는 교회에서 신앙생활 하는 것과 그렇지 않은 교회에서 신앙생활 하는 것은 전혀 다릅니다. 마태복음 25장을 보면, 열 처녀 모두 주님이 오시는 것을 알았지만 기름 준비는 다섯 사람밖에 하지 않았습니다. 따라서 교회는 슬기로운 다섯 처녀처럼 내세를 준비하게 하고 재림의 주님을 기다리게 하는 말씀을 선포해야 합니다.

넷째, 성도들이 하나님을 만나고 체험할 수 있어야 합니다

교회를 10년, 20년 다녀도 하나님을 한 번도 만난 체험이 없다면 과연 내가 다니는 교회가 하나님께서 함께하시는지를 돌아보아야 합니다. 하나님을 만나고 체험하기를 구하는 것은 믿음이 없어서가 아니라 오히려 믿음이 있기 때문입니다. 하나님께서는 '구하라, 찾으라, 두드리라' 말씀하시며 간절히 찾는 사람을 만나 주십니다.

초등학생은 대학생이 푸는 수학의 깊이를 알 수 없는 것처럼, 육적인 지식을 가지고 영적인 세계를 판단하려고 하면 이해가 안 됩니다. '이런 게 있구나' 하고 하나하나 배워 나가다 보면 나중에 이해가 되는 것입니다. 하나님의 역사는 먼저 마음으로 이해하고 믿으면 머리로도 이해가 됩니다. 그럴 때 하나님의 역사를 체험할 수 있습니다.

다섯째, 하나님이 세우신 목자를 믿고 신뢰해야 합니다

주님의 몸 된 교회는 하나님께서 세우셨으므로 그 머리도 하나님께서 세우십니다. 이 땅에 주님이 직접 오셔서 모든 교회를 치리할 수 없으므로 목자를 대신 세워 주신 것이지요. 사도 바울은 고린도후서 12장 12절에 "사도의 표 된 것은 내가 너희 가운데서 모든 참음과 표적과 기사와 능력을 행한 것이라" 합니다.

즉 하나님께서 친히 세우신 목자라는 것을 모든 참음과 표적과 기사와 능력으로 증거해 주시는 것입니다. 이러한 목자임에도 불구하고 신뢰하지 못한다면 얼마나 자신이 하나님 말씀을 행하려 하는지, 얼마나 하나님 사랑을 느끼고 있는지 생각해보아야 합니다. 주님의 몸 된 교회에 세우신 목자를 신뢰하는 것이 바로 하나님을 믿고 신뢰하는 것입니다.

신구약 성경 한눈에 보기

성경은 B.C. 15세기부터 A.D. 1세기까지 성령의 감동함을 입은 약 40명에 의해 1,600년에 걸쳐 기록되었습니다. 출애굽의 지도자 모세가 기록한 모세오경을 비롯하여 구약 성경은 39권, 신약 성경은 27권으로서 총 66권의 책이 있습니다. 학습 세례를 받은 후 신구약 성경의 큰 흐름을 파악하고 성경 통독에 도전해 보면 어떨까요?

구약 성경은 대부분 히브리어로 기록되었으며 부분적으로 아람어로 쓰였습니다. 신약 성경은 헬라어로 기록되었는데 15세기에 활자가 발명되기까지 모든 성경은 손으로 필사되어 전달되었습니다. 종교개혁 이후 신구약 성경이 각 나라 말로 번역되기 시작하면서 널리 읽혀지게 되었습니다.

신약 성경은 복음서 4권과 역사서 1권, 서신서 21권, 예언서 1권으로 되어 있으며, 구약 성경은 역사서 17권, 시가서 5권, 예언서 17권으로 되어 있습니다.

성경 66권은 총 1,189장으로 되어 있습니다. 만약 하루에 1장씩 읽는다면 3년이 넘게 걸리고, 3장씩 읽는다면 1년이 넘게 걸립니다. 따라서 1년에 한 번 성경을 통독하려면 평일에는 3장, 주일에는 5장을 읽으면 가능합니다.

구약 성경 시대순 정리

구약 성경은 역사적인 흐름을 중심으로 읽어야 이해하기 쉽습니다. 먼저 역사서 11권으로 뼈대를 잡아 전체를 이해한 후 각 시대마다 어떤 특징이 있으며, 역사서 어느 시점에 각각의 시가서와 예언서가 들어가는지 알면 더 이해하기 쉽습니다.

〈구약 시대 특성으로 구분한 역사서〉

창조시대	창세기 1-11장
족장시대	창세기 12-50장
모세시대	출애굽기, 레위기, 민수기, 신명기
사사시대	여호수아, 사사기, 룻기, 사무엘상 1-15장
왕정시대	사무엘상 16-31장, 사무엘하, 열왕기상, 열왕기하, 역대상, 역대하
포로시대	에스라, 느헤미야, 에스더

신약 성경 시대순 정리

신약 성경 27권은 그 순서가 연대별로 배열된 것이 아닙니다. 따라서 각 권의 내용을 파악하기 전에 27권을 시대별로 분류하면 쉽게 이해할 수 있습니다.

예수님의 사역을 중심으로 기록한 4복음서는 예수 그리스도 시대, 교회의 기원과 형성을 중심으로 사도들의 사역을 기록한 사도행전과 서신서는 성령 시대, 교회 시대를 나타냅니다.

요한계시록은 교회 시대 이후 주님의 공중강림과 7년 혼인 잔치, 7년 대환난과 지상재림, 천년왕국과 백보좌 대심판 등 앞으로 될 일들을 자세히 기록하고 있습니다.

마태복음
사도행전
야고보서
요한계시록

마가복음
누가복음
요한복음

갈라디아서
데살로니가전·후서
고린도전·후서
로마서
히브리서

에베소서
골로새서
빌레몬서
빌립보서

디모데전·후서
디도서
(바울서신)

베드로전·후서
유다서
요한1, 2, 3서
(공동서신)

역사서 5권
서신서 21권
예언서 1권

예수 그리스도 시대	마태복음, 마가복음, 누가복음, 요한복음
성령 시대, 교회 시대	사도행전, 바울서신, 공동서신, 요한계시록 1–3장
7년 혼인 잔치 및 7년 대환난 시대	요한계시록 4–19장
천년왕국 시대	요한계시록 20장
천국 시대	요한계시록 21–22장

오직 성령이 너희에게 임하시면 너희가 권능을 받고
예루살렘과 온 유대와 사마리아와 땅 끝까지 이르러 내 증인이 되리라

(사도행전 1:8)

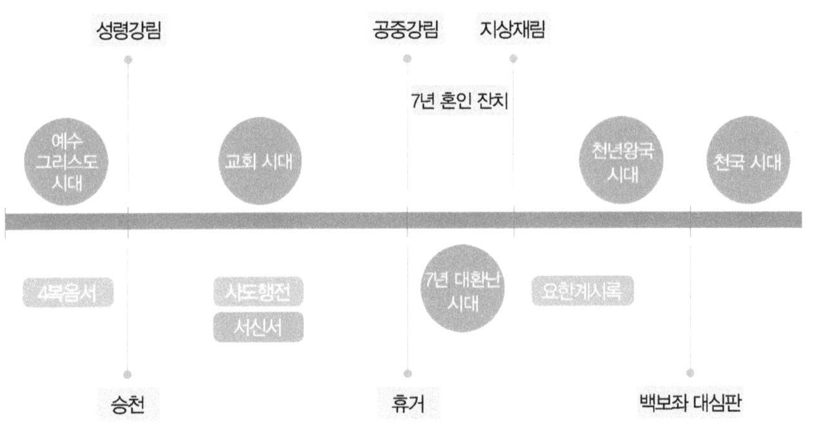

보라 내가 속히 오리니
내가 줄 상이 내게 있어 각 사람에게 그의 일한 대로 갚아주리라

(요한계시록 22:12)

학습 세례 문답서

초판 1쇄 발행 2011년 3월 12일
3쇄 발행 2019년 2월 22일

지은이 이재록
발행인 빈성남
편집인 빈금선

펴낸곳 우림북
등 록 제 1-904호
주 소 07056 서울시 동작구 여의대방로22길 73, 1층
전 화 02-851-3845, 070-8240-5611(편집)
02-837-7632, 070-8240-2072(영업)
팩 스 02-830-1844(편집), 02-869-1537(영업)

ISBN 978-89-7557-413-9

책값은 뒤표지에 있습니다.

우림

우림은 구약 시대에 대제사장이 하나님의 뜻을 묻기 위해 판결 흉패 안에 넣어
사용하던 도구 중의 하나이며, 히브리어로 '빛' 이라는 의미가 있습니다(출애굽기 28:30).
빛은, 곧 하나님 말씀이며 생명입니다.
우림북은 온 누리에 참 빛을 비추고자 오늘도 기도와 정성으로 문서선교 사역에 앞장서고 있습니다.
www.urimbooks.com

www.ingramcontent.com/pod-product-compliance
Ingram Content Group UK Ltd.
Pitfield, Milton Keynes, MK11 3LW, UK
UKHW042006190726
13854UKWH00005B/2187